AF277100

CONVERSACIONES

2

JAZMINA BARRERA, DANIELA REA Y ELVIRA LICEAGA

RITUALES PARA LA AMISTAD

CONVERSACIONES

Derechos reservados

© 2024 María Jazmina Barrera Velázquez, Daniela Rea Gómez
      y Elvira Liceaga

© 2024 Almadía Aljosan S.L.
      Calle Alberto Bosch, 9
      28014, Madrid, España

https://editorialalmadia.com/
@EdAlmadiaEs
@edalmadiaes

Primera edición: septiembre de 2024

ISBN: 978-84-128527-5-2
Depósito legal: M-17938-2024

Impreso y hecho en España.

CONVERSACIONES

2

JAZMINA BARRERA, DANIELA REA Y ELVIRA LICEAGA

RITUALES PARA LA AMISTAD

Almadía

La escritura es un acto colectivo. Si bien es cierto que la redacción tiene un dejo de intimidad y que cada quien decide cómo y dónde escribir —en una biblioteca, un estudio privado o un café lleno de gente—, el proceso creativo, sinuoso e imperceptible, se gesta desde el trato con amigxs, amantes, familiares, colegas y desconocidxs. Cuando los textos han sido terminados, se publican para que las palabras encuentren lectores, y continúan los diálogos que, a su vez, provocan obras nuevas.

Los libros, sin embargo —siempre con un título y un solo autor que en la cubierta o en el lomo autentifican la creación individual—, suelen sumarse a una visión personal, no grupal, del quehacer literario. La colección *Conversaciones* apunta en sentido contrario y une tres voces para hacer del libro un espacio de reflexión colectiva.

A través del tono anecdótico, informal y no totalizante de la charla, cada participante hace un primer texto donde le cuenta a los otros sus ideas sobre un tema. Luego, cada quien recibe y lee los escritos ajenos y redacta otros textos, en un ejercicio que pretende mostrar los efectos de las ideas de los demás en la escritura y enriquecer la experiencia literaria por medio de la polifonía.

Lxs editorxs

El primer amor
es el de las amigas

AMIGAS DANIELA Y ELVIRA, me emociona pensar con ustedes sobre la amistad. Llevo un tiempo ya dándole vueltas al lugar que otorgo y que ocupa la amistad en mi vida; un tiempo largo acomodando todas las amistades perdidas. Hasta escribí una novela. A veces siento que ese libro fue como una ceremonia de magia simpática, para cerrar y resolver mis muchas pérdidas amistosas. Construí tres personajes, las hice amigas, las separé y luego hasta las maté para procesar esos duelos, a falta de otros rituales. No funcionó, pero lo intenté.

Para el inicio y el fin de las amistades no existen rituales prestablecidos. Tenemos ritos para tantas cosas –hasta las más ateas de nosotras–: para dar vueltas al sol, comer, dormir, mantenernos limpias. Las parejas los tienen a montón: pláticas definitorias, preguntas performativas, aniversarios, bodas, divorcios, mudanzas, fotos rotas, hogueras. Con las amistades muchas veces es imposible determinar el momento exacto en que se consolidan, y mucho menos en el que se rompen. Nos vamos encontrando, juntando, conociendo, y un buen día ya no dudamos más en decir que alguien es nuestra amiga. Al final las amistades suelen diluirse en mensajitos sin responder, silencios que se prolongan y a veces dudas que nos acechan: ¿fue mi culpa?, ¿fue la suya?, ¿debí haberle insistido en vernos aunque tuviera gripa?, ¿debí haberme disculpado por hablar mal de su hermana?, ¿estará enojada o no, o solamente muy ocupada?, ¿habré sido mala amiga?, ¿desde que nació mi hijo ya no soy tan divertida?, ¿por qué me cayó tan mal esa vez?, ¿será muy tarde para escribirle?, ¿seguirá siendo la misma persona que conocí hace tanto tiempo?, ¿tendremos todavía algo en común?, ¿habrá por fin cortado con ese novio insufrible?, horas y horas de especulación sin fin. Un material infinito para hacer literatura.

En la infancia es diferente. No se me ha olvidado ese día de segundo de primaria en que Alba y Alejandra dejaron de ser mis amigas, me dijeron "córtalas" porque en el trabajo en equipo escribí con una caligrafía muy fea –pronto nos reconciliamos y Alba es mi amiga hasta la fecha, y excelente carpintera, en caso de que necesiten una–. Hay muchas personas de las que puedo decir sin duda alguna que son mis "buenas amigas", hay otras que son solo "amigas", y otras más son "conocidas". Pero hay tantas zonas grises; amigas que fueron queridas pero hace décadas que no veo, otras que adoro pero a quienes creo que yo les caigo mal, muchas que quisiera que fueran más amigas mías, pero viven lejos o viajan mucho o yo viajo mucho o sus gatos me dan alergia y sus esposas tienen mal aliento. La amistad es un espectro de afectos y descontentos, distancias y cercanías.

Soy hija única y de niña estaba convencida de que, si no invertía tiempo en cuidar de mis amigas, me iba a quedar sola en la vida. Cuando fantaseaba con ser vieja me imaginaba viviendo con una, dos o tres de mis amigas, nunca con una familia "nuclear" (siempre que escucho esa expresión me entra la duda de si estamos hablando de un núcleo o de una bomba atómica), que es más o menos lo que tengo ahora, lo que quizás siga teniendo cuando llegue a ser una anciana. Hubo un tiempo en que acumular y consolidar amistades era mi principal pasatiempo. Hay amigas con las que construí futuros imaginarios espléndidos, con las que me imaginaba viajando a los cincuenta años por el Amazonas, filmando películas en Taiwán y adoptando gatos en Coyoacán, de las que hoy en día no sé nada.

A partir no sé de cuándo, empecé a perder amigas, poco a poco y a manos llenas. Para mí, volverme adulta ha significado eso: cambiar tiempo con las amigas por trabajo, familia, libros, contadoras y clases de idiomas. Acomodar esas pérdidas —tratar de— me ha tomado una novela, varias sesiones de terapia y muchas noches de pesadillas —aunque no todos los sueños son malos, uno de los más recurrentes es que me reconcilio con ellas—.

Con muchos amigos pasa que la comunicación se corta, pero suele quedar un cariño que perdura a pesar del tiempo, la distancia y las transformaciones. Una amistad es sobre todo una conversación que se retoma cada tanto, y suele haber puntos y aparte. Hay amigos que no veo hace muchísimos años, pero sé que si me los encuentro me van a saludar con cariño. Amigas con las que cada encuentro reinstaura una cercanía inmediata que sobrepasa cualquier paréntesis, por más largo que pueda haber sido. Hay amigas que sé que lo siguen siendo, aunque nos separen años de silencio y continentes. La amistad es una acción, pero es también una condición.

Suele haber puntos aparte y a veces hay puntos finales. Las amigas que murieron. Los amigos. El silencio más definitivo.

Pero las peores son las examigas vivas que se vuelven fantasmas. Las que te hacen la ley del hielo, te evitan y te bloquean de todas sus redes sociales, sin que quede claro el motivo ni haya una charla de por medio. Con muchas de ellas es difícil –sobre todo si comparten tus círculos de amigos– que no se te aparezcan de pronto, cuando menos las esperas. Es tan elocuente el verbo *ghostear* —¿podríamos traducirlo como *fantasmear?*— porque, al tratarte como fantasma, al negarte el diálogo —o la bronca— que constata tu existencia, sucede también lo inverso: ellas son las que aparecen, de pronto, como una ausencia encarnada.

Me ha pasado muchas veces, la última fue en un funeral. La muerte es otra de esas cosas para las que tenemos mil ritos. Los ritos católicos me suelen parecer lúgubres, pero me gustan las velas que encendemos para simbolizar que la memoria de los que se han ido sigue encendida en la nuestra. Estaba en un funeral sentada enfrente del ataúd abierto de una mujer muy querida. Estaba triste y pensando cómo ese cuerpo era y no era la mujer que yo conocía, la brutal contradicción de los cadáveres, cuando apareció en un rincón, lejos de mí, una examiga —que también era y no era la persona que yo conocía—. Hace algunos años se me habría acercado de inmediato, me habría dado un abrazo, y ahora no me volteaba ni a ver. Siempre me dije que había sido yo la última en hablar, que la pelota estaba en su cancha. Ella nunca me explicó por qué me había odiado de pronto, aunque yo creía saberlo. Estuve por mucho tiempo dispuesta a pedir perdón, por lo que fuera, a retomar el hilo de la amistad y ella no. Luego pasaron los años, y después de darle mil vueltas, empecé a enojarme yo también, a encontrar que nuestra amistad ya estaba muerta desde antes, a desearle cosas horribles —y luego arrepentirme y desearle cosas buenas—, a no querer volver a verla ni hablar con ella nunca más.

Me habría gustado que hubiera un ritual para terminar con ella, que no implicara esa violencia de volvernos fantasmas las dos. Un ritual, por más absurdo, que marcara el final de una amistad pero no del cariño, no del respeto, no de las memorias ni del deseo de que la otra persona sea feliz —lejos de ti, si es necesario—.

Estuve buscando opciones. Alguna canción, un baile, meter los pies juntas en el agua helada, en la misma alberca, a orillas del mar o en una cubeta, y decir un "¡Sayonara!", "¡Fue un placer!", "¡Hasta la vista!" o "¡Buena suerte!". No tiene que ser solemne. Podríamos romper una taza, lanzar cada quien una taza al suelo, y un abrazo y ya con eso. Algo que permita cerrar y reencontrarnos sin rencores, y decir "Hola" sin miedo.

Con cariño,
Jazmina

Cuando tenía diez años murió mi mejor amiga. Alejandra fue mi primer amor y mi primera muerte. Sigue apareciéndose en mi escritura. Podría decirse que mi primera novela nace del murmullo que aún me queda de la incomprensión infantil de esa pérdida.

Décadas después de su muerte, yo estaba por casualidad en el pueblo donde su familia había tenido una casa de fin de semana y me puse a buscarla, caminando calles empedradas que creía recordar. Pregunté por aquí y por allá hasta que la encontré. La tía abrió la puerta. Me presenté como una amiga de la primaria de Alejandra, le dije que de niña había estado ahí varios fines de semana con ella y su madre, que también falleció en aquel accidente en una carretera de Morelos. Conversamos un poco y me invitó a pasear por el jardín y a las orillas del río, donde nos vi otra vez a Alejandra y a mí jugando con las piedras en el agua helada. Me senté a llorar en el pasto y llamé por teléfono a mi madre, quien, después de unas palabras de apapacho, me dijo: "Ay, mijita, te trataba tan mal…".

Aquello desequilibró uno de mis mitos fundacionales.

Había, desde luego, un fragmento de mi origen en esa primera amistad que, de pronto, ya no era la historia del par de mejores amigas que yo me había contado durante muchos años.

Años en los cuales yo, de otra manera, la afantasmé. Por el pendiente de que se quedara enojada conmigo para siempre. Porque Alejandra murió en uno de esos periodos en los que había dejado de hablarme. Nunca pudimos contentarnos.

Y también porque la vez que organizó a las demás para que ni siquiera me miraran le dije: ojalá te mueras. Y secretamente, a los diez años, cargaba con la culpa oscura de que quizá yo la había matado.

Queridas Jaz y Dani, no sé si he dejado de ser por completo la amiga servicial, la que le da todas sus muñecas a las otras con tal de que la dejen jugar, la que inconscientemente encuentra cómo hacerse imprescindible para sus amigas: darles algo —escucha atenta, análisis agudos, deliciosas carlotas o *brownies* caseros de chocolate, consejos y soluciones, algo útil— para que siempre vuelvan porque, eso sí lo sé, no he dejado de temer que me abandonen.

Podría decirse que solo escribo sobre las relaciones entre mujeres porque es la conexión donde más he sufrido y donde más feliz he sido. Es en esa intimidad en la que he renacido. Y tener relaciones sanas y profundas con mis amigas es unos de mis logros más grandes.

Si me pongo a pensarlo, creo que puedo identificar dos momentos importantes que cambiaron mis amistades. El primero fue cuando aprendí a no pedir, secreta y desesperadamente, amor eterno e incondicional; una forma, me parece, de la pertenencia: nuevos orígenes. El segundo tiene mucho que ver con cómo los feminismos reconfiguraron las relaciones entre mujeres y ahora nos recibimos con empatía y curiosidad. (Hace mucho tiempo que me digo que si pudiera cambiar una cosa de mi Elvira del pasado sería no haber sido fría, quizás distante, con otras mujeres, para protegerme de que tarde o temprano, por una u otra razón, me rompieran el corazón).

Tengo amigas a las que puedo dejar de ver por años sin perder un milímetro de cercanía. Tengo amigas a las que veo todo el tiempo, con las que nos acompañamos en las tristezas y las alegrías de la vida cotidiana. Algunas amigas que conocí por la escritura, por la radio. Tengo amigas con las que comparto ciertos miedos, ciertas pasiones, ciertos ideales, ciertos secretos, como los celos, o ciertas contradicciones, como las de la maternidad. Y esas amigas, a las que llamo colegas, también me han salvado, no exagero, una y otra vez.

Con las amigas he aprendido lo que significa el cuidado del otre, el respeto, el amor desinteresado, la libertad, los límites, la pérdida, el soltar. Una educación sentimental.

Cada vez que he perdido a una amiga el duelo es dolorosísimo. Nunca, ni con la experiencia previa, me sentí de ninguna manera preparada ni recibí el apoyo experto de otras amistades, porque tampoco sabían cómo ayudarme a salir adelante, como sí lo he recibido, en abundancia, cada vez que me separo de una pareja. En la pérdida de una amiga hay un lugar al que nadie puede acompañarnos.

Durante la pandemia murió la mejor amiga de mi madre; de alguna, o de muchas maneras, el amor de su vida. Conchita, además, fue una suerte de tía o segunda madre para mi hermana y para mí. La tristeza de mi madre era tan profunda... A pesar de los casi cuarenta años que me separan de ella, esta vez me pareció comprenderla de veras, porque puedo imaginar esa soledad específica. Se conocieron en la universidad y fiestearon, trabajaron;

Conchita le prestó dinero a mi madre para dar el enganche de su departamento, tuvieron hijes prácticamente al mismo tiempo, fundaron juntas una primaria medio jipi en una casita (porque ninguna de las que vieron les gustaba), nos criaron compartiéndolo casi todo, viajaron una y otra vez, discutían y se contentaban, se regañaban, entraban juntas a la consulta del doctor, se acompañaban en las noches de hospital.

En el funeral de Conchita mi madre se sentó dos días en un sillón junto al féretro. Estaba tan deprimida que tuve que darle un poco de psilocibina. Le dije que eran vitaminas.

Con su amiga, mi madre tuvo las conversaciones e hizo los paseos que nunca hubiera hecho con mi padre. Algo les aprendí, que hoy me parece bastante más trágica una separación entre amigas que un divorcio.

Me gusta mucho pensar que somos po-liamorosos si consideramos a las amistades como otra forma del amor.

Y no hay amor no esencial.

Con amor,
Elvis

Queridas Jaz y Elvis,

Cada verano, desde que tengo hijas, paso unos días en la casa de mi infancia, una casa de dos pisos, con jardín, ubicada a una cuadra de las vías del tren.

En el segundo piso de la casa hay un baúl de madera que lleva ahí al menos treinta años. Es tan grande que cuando yo era niña me metía dentro si me enojaba o jugaba a las escondidas. Ahora está lleno de las cartas que intercambié con amigas y novios durante mi infancia y adolescencia, alrededor de los años 1990 y el año 2000.

Las cartas del baúl han sobrevivido a las limpias de la casa. Cada año mi madre abre el clóset, los cajones y nos pide revisar nuestros tiliches, eliminar lo que ya no usamos. Hemos sacado peluches, vestidos –incluido un vestido de novia de mi hermana para una boda que se canceló quince días antes–, cobijas, zapatos, juguetes, pero no mis cartas. Cada año me invento algún argumento para convencerla de que aún no es tiempo de vaciar el baúl, de tirar esos papeles doblados o arrugados que ven la luz una vez al año, cuando vengo en verano y me siento a ojear sin mucha dedicación esa parte de mi pasado.

Este verano, a diferencia de los otros, he dedicado varias mañanas a leer con calma las cartas y tratar de descifrar qué es la amistad a partir de su factura, es decir, de qué está hecha materialmente y en su esencia emocional y racional.

Primera: en las cartas hay un esfuerzo de creación. Hay cartas en hojas de cuaderno, cartas en hojas de colores con dibujos, cartas en un pedazo de madera, cartas escritas en un listón de pelo, cartas trenzadas en un mechón de cabello, cartas de estética *darks*, cartas de estética Snoopy, cartas grandotas, cartas chiquitas, cartas más chiquitas, cartas que se guardan dentro de una cápsula a la que le vaciamos medicina. Hay cartas hechas con letra acelerada cuando hay urgencia de decir algo y también cartas con letras elaboradas y de distinto color que implicaron empeño y cuidado. Me gusta pensar que en la amistad hay un intento de imaginar y materializar, que está hecha de gestos ingeniosos que tratan de sobresalir en lo cotidiano. Rocío y Malena fueron destacadas escritoras de cartas en su diseño y estilo propio: Rocío, con letras más orgánicas y estilizadas; Malena, con tipografías rígidas y con especial tendencia a usar el rojo y negro.

Segunda: en las cartas hay complicidad para resolver entre dos, ya sea el problema de la tercera amiga, el conflicto con la maestra porque nos encontró copiando en el examen de química orgánica o las ecuaciones para elegir entre Luisfer, el chico que toca trova y lleva serenatas con guitarra, o Beto, el raperillo greñudo que fuma mucho y toca la batería.

Tercera: hay límites. Rocío, mi mejor amiga de la secundaria, me escribe una carta en donde me dice que ella se decidió por Fabián, aunque yo votaba por David. Es una carta escrita en un tono serio y sin los dibujitos y corazones con los que adornaba las otras: "Yo sé que tú pensabas otra cosa, pero entre Conrado y Aída me abrieron los ojos y ahora sé que lo que importa es lo que yo sienta y no lo que sientan las personas si yo soy la que va a andar con él y no los demás. O sea que mi decisión es la que cuenta y estoy feliz con mi decisión ¡aunque solo llevemos dos días de novios! Espero que me apoyes aunque no estés de acuerdo conmigo. Sabes algo, aunque pasen los días, y aunque pasen los niños por nuestras vidas, tú y yo vamos a seguir siendo siempre las mejores amigas".

Cuarta: hay tratados sobre las cualidades a elegir en un novio.

Primarias:

Que se acople con mis amigas.
Que me quiera,
Que me comprenda,
Que sea simpático,
Que sea inteligente,
Que sea alegre.
Que sea decente.

Que me apoye.
Que sea sencillo.

Secundarias:
Buen físico.
Que le guste lo que hago.

La primera cualidad que pedíamos a los novios de la secundaria era que se acoplaran a nuestras amigas ☺.

Quinta: idas y vueltas. Las amigas nos alejamos y volvemos. Nos repelemos y nos atraemos como astros. Marissa me escribe el 2 de marzo de 1992: "La verdad es que yo pensé que las cosas entre tú y yo iban mejor y no peor como tú dices. Tal vez deberíamos hablar y decirnos lo que no te gusta o no sé, la razón por que tú dices que vamos peor. Ojalá podamos ver qué es lo que está pasando y nunca dejemos de ser amigas". No recuerdo cuáles fueron las razones por las que me molesté con Marissa, pero en otra carta posterior me escribe: "Estoy contenta porque otra vez estamos volviendo a confiarnos cosas como antes, la verdad no sé qué nos pasó, tal vez queríamos conocer a otro tipo de amigas diferentes y bueno, estamos de regreso, como quien dice, dimos vuelta en U. Por mi parte, mi experiencia puede acercarme a otras amigas y conocerlas, pero ninguna se compara con mi amistad contigo".

Sexta: el verdadero amor. Gran parte de las cartas que intercambio con mis amigas, sobre todo en la secundaria, tienen que ver con los chicos que nos gustan: si nos lastimaron, si les gustamos, si les diremos que sí, si elegiremos a uno u otro. Después de que Rocío escogió a Fabián, el noviazgo continuó un año más. Cuando terminaron, ella me escribió: "Prefiero decírtelo por carta [dibujito de carta] que en persona [dibujito de dos niñas]. Mira, comprendo ahora que ya no ando con Fabián, todo el tiempo que perdí con… con ese… Y preferí muchas veces a él que a ti, mi mejor amiga. Te juro que me arrepiento porque un novio va y viene, cambia uno y otro, pero una amiga de verdad no. Los niños van y vienen pero las amigas siempre permanecen, las amigas son el primer amor, el verdadero amor de la vida".

Hace casi treinta años que Rocío escribió estas cartas, ahora ella vive en Suecia con su esposo (que no es Fabián ni David) y hace dos meses nació su segunda hija. Se ve feliz. El detalle y el cuidado con el que hacía cartas, minúsculas o grandes y con letras de colores, lo llevó más allá y ahora es diseñadora, ha expuesto en varios museos y su último trabajo fue elaborar un mapa de la ciudad donde vive que se distribuyó a todos los habitantes.

Las leo de nuevo y veo que hay cosas vigentes que me siguen hablando y enseñando algo: mis celos como amiga y el consejo de aprender a confiar en el cariño; o mis indecisiones y el consejo de aprender a mirar en mi interior: "¿quieres saber qué pienso? Pienso que primero debes poner en blanco tu mente y ver adentro de ti, Daniela [esa fue la primera y única vez que Rocío me llamó Daniela], tal vez estoy equivocada, pero yo creo que al que tú quieres en verdad [de nuevo una carta para saber si elegir a Luisfer o a Beto el greñudo], en tu interior, es a ti". Me conmueve y me da ternura esa forma en que nos creíamos llenas de verdades y decisiones, en que a nuestros ¿doce años? hablábamos hasta de feminismo: "Además no es que sea feminista o algo así, pero como mujer especial que somos cada una, debes saber que cada quien tiene su intimidad y esta solo te pertenece".

Las cartas empiezan a escasear a partir de la prepa y en la universidad prácticamente desaparecen. Dejo de escribir y recibir cartas firmadas con T.Q.M., E.M.M.A, y corazones con mi nombre y el de ellas. Extraño escribir y recibir cartas. ¿Teníamos otras formas de comunicarnos entonces? ¿Habrá sido por la llegada de internet a Irapuato que dejamos de mandar cartas? ¿Será que perdimos el entendimiento de lo casi sagrado que representaba una amiga, quien merecía la dedicación, el trazo lento y minucioso de un corazón con nuestros nombres? ¿O acaso dejamos de creer en la permanencia de algo —la carta—, aunque tratara de problemas cotidianos? ¿En la eternidad de ese amor de amigas? Me gusta saberme a esa edad con tales certezas que hasta las escribía.

No tengo otras preguntas ni miradas desde dónde analizar a las niñas que fuimos y, sobre todo, la amistad que construimos en la cotidianidad y que consagramos en estos escritos. Ojalá que su lectura, queridas Elvis y Jaz, me ayude a encontrar otras preguntas o miradas para poder entender qué es esa amistad, ese primer amor más grande de la vida, ese amor concreto en el que creemos y construimos cuando estamos descubriendo el mundo.

Con mucho cariño,
Daniela

P.D. ¡Entre las cartas encontré una carta que le escribí a Jesús! ¡A Jesucristo! Mi cruz de monja del Bajío.

Rituales para la amistad

QUERIDAS DANIELA Y ELVIS,

Las pensé mucho después de leerlas. Pensé en todas las cartas de Daniela, y en la malagradecida amiga de Elvis. Leyéndolas, me puse a pensar en lo mucho que me cuesta últimamente hacer amigos. O más bien, que ya no tengo la disposición para hacerlos, porque a duras penas me alcanza el tiempo para los que me quedan y quiero seguir procurándolos (en la etimología de *procurar* está la cura y el cuidado de los que hablaba Daniela). Decía Elvis que las amistades suelen ser poliamorosas —salvo, ciertas amistades posesivas, que también existen y que a mí me ahuyentan—, pero creo que debe pasar lo mismo que con el poliamor, que tiene necesariamente un límite y ese límite es el tiempo. Nadie tendría tiempo de tener un número infinito de amantes y tampoco lo tenemos para un número infinito de amistades. Claro que sería medio terrible renunciar a hacer nuevos amigos. Pero últimamente hay muy poco tiempo. Las amistades más recientes que he hecho han sido más bien circunstanciales. Son personas que por un motivo u otro me he encontrado varias veces, en los viajes de trabajo o en las clases de natación de mi hijo. Amistades por afinidad, pero también medio inevitables (¿o será que todas son un poco así?), y que de un tiempo para acá hago casi a mi pesar. Se me ocurre que ese puede ser un buen motivo para escribir libros: ofrecerle a todas esas personas que me gustaría que fueran mis amigas —si pudieramos vivir muchas vidas al mismo tiempo— algo de las historias, ideas, chistes, chismes y hasta reclamos que les ofrezco a mis amigas.

Y ahora voy a cambiar de tema, como suele hacerse en las cartas a las amigas, sin solución de continuidad. Antes les escribí de la pérdida de una amistad, y ahora quisiera contarles de una amiga que conservo, mi amiga más antigua, que conocí cuando tenía dos años. La veo mucho menos de lo que querría, una o dos veces al año. Creo que ya no nos queda ningún amigo cercano en común. Ella sabe poco de lo que hago todos los días, y yo también entiendo poco de lo que hace ella para vivir —la admiro mucho, eso sí, es la carpintera que les decía y también es arquitecta—. Nuestras vidas familiares son muy distintas y vivimos lo suficientemente lejos como para no cruzarnos ni de vez en cuando —a diferencia de ti, Elvis, amiga vecina—. Si nos conociéramos hoy, no sé si seríamos amigas, pero lo somos, todavía.

Nos vimos en un café y llegó tan alegre, inquieta y risueña como siempre. Hablamos de las familias, de ginecólogas y ginecólogos, de chamba, de *hobbies*, de chismes de personas que hace siglos que no veo, y del tráfico, como buenas chilangas. De cualquier cosa. Pero mientras hablaba con ella, de repente me di cuenta de que sentadas con nosotras estaban todas las personas que hemos sido en los más de treinta y tres años que llevamos de conocernos. Algunas que ya ni recordaba, pero que, con la presencia de Alba, regresan a mí muy vivamente, con nuestros distintos cortes de pelo, distintas tallas y complexiones.

Con Alba jugamos en el arenero a ser gatos que reparten pizza. Adoptamos un par de insectos de mascota a los que llamamos Zayayines. Fuimos a nuestro primer concierto y luego a cenar *waffles* con caras felices. Sostuvimos a la fuerza a un niño para que otra amiga le diera un beso en la boca –perdónanos, Samuel–. Saltamos la cuerda y el resorte y jugamos a las escondidillas incontables, infinitas veces. Tiramos a la basura el suéter de una niña que nos caía mal —en realidad era mi amiga y yo la quería mucho, pero ese día, no sé por qué, me caía muy gorda—. Le pedimos disculpas. Nos quedamos en la casa, regañadas y suspendidas. Hicimos pócimas en el jardín. Encendimos fogatas. Nos abrazamos cuando supimos que nuestra mejor amiga casi se muere quemada. Cantamos a Shakira y bailamos a las Spice Girls. Escuchamos escandalizadas en el teléfono a otro niño decirnos palabras obscenas. Vimos *Entrevista con el vampiro*. Llenamos la colcha de mi cama de barniz de uñas. Escuchamos con miedo a mi madre furiosa cuando descubrió las manchas del barniz. Saltamos en el *tumbling* en casas mucho más grandes que las nuestras. Creímos que nadie, salvo ella y yo, conocía la música de Manu Chao. Vimos llorar a la maestra de quinto de primaria por lo mal que se portaba el grupo con ella. Tomamos clases de *ballet*. Nos fuimos del *ballet* cuando el maestro encerró a las niñas del grupo de Alba en un clóset. Tomamos clases de plastilina. Atravesamos muchas mañanas, en el mismo auto, la ciudad entera para ir a la escuela. Vimos, con mucha interferencia, un canal de pornografía. Escuchamos a los padres de un compañero gritarse y lanzarse platos. Bailamos una coreografía de "Another One Bites the Dust". Nos disfrazamos de cavernícolas. Nos fuimos de pinta a un centro comercial vacío y saludamos a los camaleones en la vitrina de una tienda de mascotas. Vimos llorar a la maestra de Historia de tercero de secundaria por lo mal que se portaba el grupo con ella. Fuimos a una campaña de alfabetización. Dimos vueltas por los callejones de Coyoacán. Nadamos. Observamos a otra amiga mientras ensayaba su nueva risa. La oímos cantar a Céline Dion. Bordamos. Comimos sushi seco en la cafetería de la Facultad de Arquitectura.

Ella me dejó de hablar un tiempo, en la primaria, porque mi letra era horrible. Yo le dejé de hablar un tiempo, en la secundaria, porque sentí que me había traicionado. Ella se quedó con el grupo de chicas que bailaba para el *show* de la escuela "Another One Bites the Dust". Yo me fui con otras chicas que bailaban "Genie in a Bottle". Ella se fue a vivir a otro país. Yo me fui a vivir a uno distinto. Las dos volvimos. Ella me salvó la vida: me hizo a un lado cuando se cayó una puerta gigante de vidrio encima de mí. Yo no pude hacer nada cuando le picó una abeja en el tobillo y se le hinchó como una pelota, ni cuando se rompió la pierna en unos *go karts*, ni cuando un maestro borracho le dio un beso en la alberca durante el viaje de generación de sexto, ni cuando regresó a la escuela muda, tras una muy larga ausencia, porque se había roto la mandíbula. Yo envidié lo fácil que era para ella coquetear con los hombres y lo bien que bailaba la canción de Queen. Ella me construyó un librero (de nuevo, les paso el contacto) hermoso y me cosió una manta perfecta para ir de picnic con mi hijo. Me escuchó cuando me rompieron el corazón, una y otra y otra vez. Me vio romper a mí uno que otro también. Yo la escuché cuando le rompieron el corazón una y otra y otra vez, y vi cuando ella rompió uno que otro, también. Fuimos al funeral de nuestra maestra favorita. La abracé en el funeral de su madre, con un cubrebocas puesto.

Esta última vez que la vi, pensé que era un pequeño milagro estar ahí, tomando té con los fantasmas de nuestras vidas pasadas. Un milagro, por ejemplo, que a pesar de lo alegre que se mostraba, yo sabía que estaba triste.

Daniela y Elvis, les dije que las amistades casi no tienen rituales, pero después pensé que no es cierto. Cada vez que volvemos a reunirnos con una amiga estamos repitiendo un ritual. Es un momento que transcurre fuera del tiempo o en el que confluyen varios tiempos, en el que somos todo lo que hemos sido con esa persona y a sus ojos.

Vamos pronto a tomar un té.

Jazmina

QUERIDAS ELVIS Y JAZ,

Antes que nada quiero agradecerles sus cartas, fueron un lugarcito donde estar cómoda con lo que siento, que no siempre encuentra espacio allá afuera, incluso en los círculos de amistad. Me refiero al dolor por la pérdida de las amigas, al miedo a perderlas, a quedarme sola en el recreo o a que no me inviten al trabajo en equipo o a la fiesta de cumpleaños o a la pijamada. Cuando iba en la primaria, en un colegio de monjas, mi mejor amiga de ese entonces, Montse, no me invitó a su fiesta porque su mamá no la dejó, pues mis papás estaban divorciados. Eso que ahora es taaan normal, en esa época, en ese pueblo conservador del Bajío, era una marca

50

casi satánica; mis papás no solo se habían divorciado, sino que eran la primera pareja del colegio de monjas que lo hacía. O quizá no se trató de Montse, porque no creo que su mamá hubiera hecho eso. Era una mujer muy callada y encerrada en sí misma, de afuera podría considerarla "poco moderna", pero en realidad eso no importa; era, es, una buena mujer. El chiste es que en mi corazón sigue presente el día que una amiga del colegio de monjas me dijo en el recreo que no podría invitarme a su fiesta, y yo me quedé con el corazón encogido y con ganas de llorar y de maldecir al mismo tiempo a todas aquellas que sí fueron invitadas, niñas consentidas con sus calcetas caladas de corazones y su media cola con caireles.

Actualmente no solo vivo ese dolor en mis relaciones sino a través de las relaciones de mis hijas. Me angustia que llegue el viernes, tener que recogerlas de la escuela y, mientras nos vamos las tres a casa, ver a un grupo de sus amigas yéndose en bola, felices, carcajeantes, rosadas y brillantes, en la camioneta de alguna mamá a pasar la tarde juntas, o más aún, irse de pijamada y perpetuar esa alegría que solo a ellas les pertenece durante una tarde, una noche, una mañana y una tarde más. Debo decir que las primeras veces que eso pasó dolió mucho, y aunque aún sucede, hemos aprendido a acomodar esa pena, o esa envidia, o esa sensación de rechazo. O quizá no hemos aprendido, pero respondemos: un día que enfrentamos esa horrible escena otra mamá cuya hija también se retiraba a casa triste y sin amigas, cabizbaja, reaccionó muy rápido, cuando me vio partir con mis dos soledades tomadas en cada mano, me jaló del brazo y me guiñó el ojo, miró a las niñas y dijo: "¡Nos vamos todas al cine! Ya compré boletos, ¿cómo ven, chicas?". Yo sonreí y también me dieron ganas de llorar. Creo que estaba conmovida por cómo intentamos protegernos de los rechazos, porque ese temor no se quedó en nuestra infancia sino que creció con nosotras. Como nos escribió Elvis, yo tampoco he dejado de temer que me abandonen.

Queridas Elvis y Jaz, aunque a veces doy la apariencia de ser una persona cariñosa y buena amiga, la verdad es que también soy envidiosa. Es algo que he platicado en terapia y mi terapeuta ha intentado que encontremos juntas de qué esta hecha esa sensación de envidia, o si es realmente envidia lo que yo siento cuando lo siento. Les voy a poner un ejemplo. Hace unos años una amiga cercana ganó un premio importante. Yo estaba muy feliz por ella, porque realmente su trabajo es excepcional y porque atestigüé el esfuerzo que le costó llegar ahí. Pero, mientras la imaginaba en el escenario con todas las luces iluminándola aún más, caminando como Miss Universo a ser coronada como la mejor persona del mundo, yo me veía sentada en las butacas del gran teatro, aplaudiendo hacia afuera y diciendo para mis adentros: que se caiga, que se tropiece, que se le rompa el tacón y termine en el piso. Contarlo así, contármelo así me permitió reírme un poco de esa emoción que para nada me da risa; por el contrario, me avergüenza y me confronta porque quiero a mis amigas, y la envidia me aleja de ellas.

Esta ha de ser la tercera vez que hablo del tema y la primera que lo hago tan abiertamente. La primera vez que lo platiqué fue con un amigo, no recuerdo por qué salió el tema, pero le conté esa imagen del premio Miss Universo y él me contó que también sentía envidia, me habló incluso de un conocido que según su criterio era un escritor mediocre, a quien le dieron la beca por la que tantos años mi amigo había competido. Nos reímos imaginando a mi amiga y a su amigo cayendo en el escenario mientras caminaban triunfantes a recibir su premio y él me sugirió que escribiera algo, me dijo: "lo escribirás tan bonito que todos querrán sentir envidia". Mi terapeuta insiste en que es otra cosa lo que experimento, pero aún no sabemos cómo nombrarlo. Lo que sí sé es que no quiero tener ese sentimiento, como sea que se llame, que me hace alejarme de las personas que quiero y me impide mirar, celebrar, valorar y agradecer las cosas bonitas que me suceden. Yo sigo en mi intento por encontrar de qué está hecho lo que llamo envidia, qué expectativas me hacen pensarme insuficiente y cómo aprendí lo que es ser valorada, y especialmente, cómo todo eso queda colocado sobre o alrededor de mis amigas. Es decir, ¿por qué esta emoción que podría dirigir hacia cualquier persona del mundo, la enfoco en mis amigas? ¿Qué nudos, qué relaciones, qué disputas o competencias se juegan en la amistad que me hacen depositar en esos espacios esta emoción tan fea? ¿Cómo lo que aprendí que es la amistad posibilita que yo sienta esto? ¿Cómo puedo aprender otra forma de entender una amistad? Sigo explorándolo.

Leerlas sobre la pérdida –sobre los intentos para acomodarla ¡que incluso llevaron a Jaz a escribir una novela!– me hizo pensar en las formas en que he perdido amistades, o más bien, en las que temo perderlas. Sigo siendo esa niña que teme quedarse sola en el recreo o no ser invitada a la fiesta. Espero que contarles mi secreto sobre la emoción miss-universo-se-tropieza-al-ser-coronada-como-la-más-bella-del-mundo no las espante de mí. Si saben de algún ritual para conjurarlo, cuéntenmelo. Prometo no tenerles envidia.

Con todo mi cariño y vergüenza,
Daniela

QUERIDAS JAZ Y DANI,

¡Seamos más amigas!

Las leo y escucho sus voces relatando esos duelos poco compartidos y poco explorados, apenas nombrados, cuando perdemos amigas a quienes a veces nunca dejamos de extrañar. Me encuentro a mí misma en la nostalgia que describen por aquellas amistades —creo que más orgánicas— de hace décadas, en épocas de promesas. Pero, sobre todo, las leo y me dan ganas de proponerles que nos veamos por lo menos una vez al mes, con o sin hijes (mejor sin) en un bar o cafecito cercano para inventar un ritual que nos mantenga unidas por muchos años.

La madre de una amiga me contó que cada viernes, desde hace treinta años, come con sus amigas "las biólogas" de la universidad. Mi madre tiene costumbres menos rigurosas pero similares con sus colegas, terapeutas ahora jubiladas, "las psico", y sus amigos de la escuela de italiano. Yo, por momentos, he logrado tenerlos, pero, como cuenta Jaz en su primera carta, a mí también la maternidad y el trabajo me han aislado. ¿No podríamos hacernos un huequito mensual para sostener este vínculo y en unos años ser las que dicen: voy con "las de la amistad"?

Es curioso, pensaba mientras las leía, que, además viviendo tan cerca unas de las otras, estemos escribiéndonos precisamente cartas que, como cuenta Dani, son los primeros rituales de las primeras amistades. Es curioso también que en esas cartas de la infancia y pubertad se encuentre una conciencia clarísima de la importancia de la amistad tejida con frases que normalmente asociamos al amor romántico o a los ideales liberadores de los feminismos. Hay juramentos o conjuros: seamos amigas para siempre.

Tengo cuarenta años al escribirles esta carta y sin titubeo les quiero decir:

seamos amigas para siempre.

Tengo una hija de tres años y medio, y no quiero tener otre hije. Me pregunto si lo sabe o si cree en la posibilidad. No he notado en ella un deseo o un anhelo por tener hermanes, pero ¿debería hablar con ella sobre esto? A veces me da pena que su padre y yo seamos las únicas personas con quienes jugar en las tardes o los sábados y domingos por la mañana, que estamos cansadísimos y nos levantamos de la cama arrastrados por ella. Una parte de mí siente que le fallamos e imagino que, si Nico hubiera nacido en otra familia, tal vez más joven, tal vez con mejores ingresos, tal vez con menor variedad de deseos, tendría hermanes mayores o menores con quienes hablar en clave.

Sin embargo, luego pienso en las amigas que hará a lo largo de su vida y veo cómo se fascina con otras niñas, como si su verdadera naturaleza fuera integrarse a otra manada, como los elefantitos que, migrando de un territorio a otro, poco a poco van avanzando junto a alguien más, o como las plantas vecinas de diferentes raíces que empiezan a cuidarse unas a las otras.

Veo también cómo Nico busca emocionada a otras niñas que no le hacen caso o cómo extraña a excompañeritas de la guardería que cuando nos encontramos notamos que ya la olvidaron. Por una parte, me preocupa haberle heredado (me parece casi místico cómo se heredan esos conflictos, ¿memoria epigenética?) ese amor desmedido, esa necesidad a ratos malsana, esa dependencia emocional en las amigas que a mí tanto dolor me ha causado. Y, por otro lado, no sé cómo explicarle (y explicarme) que a las amigas no podemos llevárnoslas a nuestras casas, ni podemos jugar con ellas todo el tiempo, todos los días. Que no podemos pensarlas literalmente como la familia, sino que hay que construir otros modos de relación con sus propias prácticas de la cercanía, Que ellas, solo algunas, dependiendo de los tiempos y el lugar donde coincidan, de sus posibilidades físicas, tecnológicas y, sobre todo, afectivas, serán otros seres humanos con quienes tenga chistes privados, secretos, debates, relatos fundacionales, y en estos actos se sostengan y se construyan otras formas de la pertenencia. Aunque también la dejarán y dejará, lastimará y será lastimada, pero tengo la esperanza de que no sea a propósito, pues elijo pensar que crecerá con miles y miles de mujeres mucho más empáticas pese a sus diferencias, que se cuidarán las unas a las otras aunque no se quieran. Tengo la seguridad de que aprenderá, como lo vamos haciendo nosotras, el complejo arte de la intimidad.

Con amor,
Elvis

Posdata

QUERIDAS, TRAS RELEER nuestra correspon-
dencia sentí que era necesario agregar una
posdata sobre un tema relacionado, que a la
vez es tema aparte: los amigos. Es decir, los
hombres, los amigos hombres, pues. Me di
cuenta de que en estas cartas pasa un poco
como en mi vida, que los amigos han ido
quedando fuera. Es algo que hasta ahora apenas había notado, porque la pérdida ha sido
paulatina y nunca me había quitado el sueño,
porque tengo muchas (suficientes, al menos)
amigas y eso ha vuelto para mí invisible,
quizás hasta irrelevante en un punto, la falta
de amigos. Pero ahora que lo noto, me preocupa. Quisiera contarles mi historia, que me
ayuden a entender lo que pasó, qué salió mal.

El primer amigo que recuerdo, cuando tenía cuatro años, fue Pablo R. A veces yo decía que era mi novio o que nos íbamos a casar cuando creciéramos, pero la verdad es que era nada más un gran amigo. Jugábamos en la escuela y a veces también nos veíamos en las tardes, porque vivíamos muy cerca. El quiebre se dio un día en que mi primo también fue a mi casa y yo me sentí excluida del juego y fui grosera con ellos. Pablo R. dijo entonces que ya no se quería casar conmigo. Ya te vi, Jazmina, ya te vi, fue lo que me dijo.

En el kínder jugábamos en grupo Pablo, Samuel, Alba y yo. Muchas veces jugábamos a series de televisión con suficientes personajes femeninos y masculinos (los *Power Rangers*, los *Gatos Samurai*), de modo que los cuatro teníamos nuestros roles asignados. Pero ya desde esa edad me quedaba claro que cuando Alba fuera a mi casa en la tarde íbamos a jugar a las Spice Girls y en cambio cuando fuera Pablo íbamos a jugar a las Tortugas Ninja, y yo iba a terminar siendo, muy a mi pesar, Donatello. El género, ya desde entonces, determinaba muchas cosas.

Durante la primaria empecé a juntarme solo con niñas, porque los niños jugaban deportes en los recreos (igual que varias niñas, por cierto, que tampoco fueron mis amigas). Yo nunca jugaba deportes porque tenía las piernas chuecas, era pésima y me daban (me dan) miedo los balones, y mis mejores amigas solían tener enfermedades, lupus, asma o problemas de movilidad que las alejaban también de las canchas. De vez en cuando Óscar o Samuel jugaban con nosotras a las canicas, a los tazos o a las escondidillas, incluso a la cuerda o al resorte, pero hubo dos o tres años en que los niños desaparecieron casi por completo del horizonte de mi amistad. Hasta que de nuevo en quinto y sexto empezamos a hacer reuniones mixtas, en parques de diversiones o en pistas de patinaje. El deporte dejó de ser la prioridad de varios y en los recreos nos juntábamos a hablar de libros, a intercambiar discos o a jugar a *las traes*. En esos años volví a tener muy buenos amigos.

Las cosas se complicaron cuando mi mejor amigo de sexto decidió que yo le gustaba y eso a mí me enfureció. De ahí en adelante, cada vez que un amigo decidía que yo le gustaba, lo sentía como la más profunda de las traiciones. Así que todo este tiempo sus intenciones eran otras, pensaba muy ofendida. Por supuesto, me contradecía, porque a mí también de repente me gustaban mis amigos, pero nunca se los decía, ni a ellos ni a nadie, hasta asegurarme de que la atracción era correspondida. Siempre pensé que la amistad era un vínculo más duradero y más importante que cualquier otro, y que no valía la pena sacrificar a un amigo por algo que a nuestra corta edad estaba destinado al fracaso. Pero lo cierto es que en la adolescencia todas mis amistades, con mujeres y hombres por igual, estaban atravesadas por el erotismo. En todos los casos había caricias, abrazos, manos sobre manos, cosquillas, personas trenzándose el cabello. Y salvo contadas ocasiones, eso no resultaba un problema. La adolescencia fue la época en la que más amigos tuve.

Eran amigos de verdad. Conocía sus casas, a sus madres, sus secretos y ellos los míos, y muchas veces dormimos al lado, en el mismo sillón después de una fiesta o en un colchón en el suelo, seis personas apelotonadas compartiendo un par de cobijas. Alguna vez alguno de ellos trató de besarme y yo le decía "ya duérmete" o me enojaba y me iba a otro sillón, o accedía y luego aquello se me olvidaba. Pero las más de las veces dormimos tranquilos, unas al lado de los otros, acurrucados sin ningún problema. Confiaba en ellos. Eran mis hermanos.

Cuando empezó la universidad, todo eso se fue al diablo. Mis amigos partieron a estudiar a otros estados o a otros países o a extremos opuestos de nuestra enorme ciudad. Empecé a verlos solo en fiestas y a pasarla mal con ellos, porque usaban muchas drogas y yo no, y me aburría verlos aletargados o agresivos o insolentes. Ya ni siquiera querían bailar (varios de ellos eran grandes bailarines, me enseñaron a bailar −y a tejer y a alburear− y nos recuerdo felices dando vueltas con Celia Cruz, con Juan Luis Guerra y con Celso Piña). Los perdí a todos de la noche a la mañana y no tuve tiempo de entristecerme, porque ya tenía nuevos amigos.

El grupo de la universidad éramos tres amigos y yo. No bailaban salsa, pero me entendía muy bien con ellos. Éramos ratones de biblioteca (de la Biblioteca Central de la UNAM, la sala de abajo, cerca del gran ventanal), nos gustaba la misma música (Nick Cave, PJ Harvey, LCD Soundsystem), nos reíamos de los mismos chistes y de las mismas personas (la complicidad para mí muchas veces pasa por la malicia, es algo que no me encanta de mí misma, pero qué le voy a hacer, si es la sal de la vida). También conocí a sus madres, también supe sus secretos, también fueron mis hermanos. También usaban más drogas que yo, pero no solo nos juntábamos en las fiestas, y con el tiempo aprendí a manejarlo, a irme temprano cuando los veía muy *puestos* y a verlos también para tomar cafés o dar vueltas por las calles vacías en las tardes del primero de enero. Cuando acabamos la carrera, los fui perdiendo de a poco. Se hicieron de novias estables, ya no estaban tan disponibles, yo empecé a pasar más tiempo con nuevas amigas de mi nuevo mundo y con mi novio y con sus amigos. Esos amigos de mi grupo de la universidad eran malos para comunicarse, no me buscaban, eran lacónicos, compartíamos menos espacios y así nos fuimos distanciando. Cuando me fui a estudiar a otro país, terminé de perderles la pista.

Muchos de los amigos que hice más tarde siguen siendo mis amigos. Pero de los que fui más cercana, varios desaparecieron. A veces dan señales de vida, muestras esporádicas de cariño, pero están en otra cosa y casi no sé nada de ellos. Algunos viven en el extranjero y me los arrebató la distancia. Y otros más ahora me caen gordos, me tardé en descubrir lo machos que eran, lo manipuladores y crueles. A los amigos que sigo teniendo los veo casi siempre en grupo, ya no tengo relaciones de uno a uno con ellos. Más que buscarnos, sabemos que vamos a encontrarnos, porque son novios de amigas mías o porque nuestros trabajos o nuestro círculo social coinciden. Casi nunca nos escribimos, salvo para cosas concretas. Les mando chistes, chismes o recomendaciones, pero nunca les escribo solo para saber cómo están. No conozco a sus papás. No conocen mis secretos. Y salvo un par de excepciones, mis relaciones con ellos son mucho menos cercanas que las que tengo con mis amigas.

Hace algunos meses escuché un reportaje que explicaba que las mujeres suelen asignar la misma importancia a su trabajo que a su familia y a sus amistades (33% en cada rubro, aproximadamente). A la pregunta "¿qué le da sentido a tu vida?", los hombres responden que su trabajo en un 80%. El reportaje decía que los hombres suelen ser malos para mantener amigos, malos para establecer vínculos emotivos. Muchos de ellos se sienten solos y a veces, cuando los despiden del trabajo, hasta prefieren suicidarse. En sus notas de suicidio muchos dicen: "nadie me necesita, nadie se va a entristecer de que muera". ¿Será que algo tiene que ver esa estadística con mi problema? Porque fue justo cuando entramos en la adultez, cuando el trabajo se volvió nuestra prioridad, que me fui quedando sin amigos. ¿O seré yo? Eso también es probable. He sido yo muchas veces la que se aburre (o los aburre), los abandona y los cambia y se cansa de buscarlos. Quizás debería empezar a tomar más la iniciativa con los amigos que todavía tengo, invitarlos a ir por un café de vez en cuando y escribirles para ver cómo están. Quizás tanto ellos como yo estamos asumiendo que sería impropio o raro o innecesario que fuéramos amigos cercanos y eso es mentira, nos equivocamos. Sí, el problema debe de ser mío, porque a mi alrededor veo hombres que tienen varias y buenas amigas. Por algún motivo mis novios siempre tuvieron buenas amigas. Demasiado buenas, algunas veces, pero yo me enteraba tarde de que me engañaban, porque confiaba plenamente en ellos, porque me parecía sano e importante que tuvieran buenas amigas. Alejandro tiene varias amigas y yo diría que eso es parte de las cosas que amo de él, o que las cosas que amo de él hacen que tenga buenas amigas. Mi hijo a sus escasos seis años también tiene buenas amigas y quiero que logre procurarlas y escucharlas, conservarlas y hacer nuevas. Quiero que les cuente sus secretos y que conozca a sus madres. Quiero para mi hijo único que esas amigas sean sus hermanas. Yo por lo pronto creo que tengo solo un amigo cercano, solo uno que es de verdad mi hermano. Y puede que con eso baste.

Quiero saber qué piensan de esto, cómo

les va a ustedes con sus amigos. ¡Hay que vernos pronto! Les mando un abrazo enorme,

Jaz

Queridas Elvis y Jaz,

Han pasado varios meses desde que inter-
cambiamos nuestras últimas cartas y en este
lado del mundo ha pasado toda una vida.
El 7 de diciembre perdí a mi hermana, mi
mejor amiga, mi compañera; éramos tantas
cosas una para la otra que seguido bromeá-
bamos con pedirles a nuestros maridos una
enmienda al acta de matrimonio para agre-
garnos una a la otra, casarnos, vivir juntas,
acompañarnos hasta envejecer.

No me siento aún lista para escribir de
ella, aunque todos los días la pienso y todos
los días la nombro y la invoco, con mi marido, con su marido, con mis hijas y su hija,
con amigos y desconocidos; en el café, en una

entrevista, en el tráfico. Hablo de ella pero no me siento lista para escribirla porque siento el peso de la determinación de la palabra escrita y aún estoy entendiendo, procesando lo que su vida significa para la mía.

Hay una versión de mí que no volverá a existir: mi Yo-Vale. En mi vida ya no seré más esa persona que fui con ella a través de su mirada y de lo que su presencia me convocaba. No volveré a ser vista de la forma en que ella lo hacía. Puedo decir que una parte de mí se murió con ella. Quizá por eso el duelo es un proceso profundo y complejo, además de doloroso, porque es no solo la pérdida de quien amamos, sino la pérdida de un pedazo de nosotrxs. Vamos muriendo con esas muertes, sin que podamos hacer mucho para evitarlo. ¿O sí? Trato de identificar qué de mí falleció con ella y no me sale referirme a una en específico, pero sí a momentos: Vale y yo pasábamos de la risa

al llanto a la risa en instantes y para sor-
presa de quienes nos rodeaban, por ejemplo. Siento que sin ella perdí esa flexibilidad
emocional. ¿Qué piensan ustedes, Jaz, Elvis?
¿A dónde, a qué cielo o limbo se va eso de
nosotras?

Sin embargo, también he pensado que si
bien un fragmento nuestro muere con cada
pérdida amada, hay algo que se revitaliza.
Pienso en un regalo que ella me dejó. Vale,
mi Vale, me regaló a Sole, su otra gran hermana elegida y mejor amiga. Nos dejó una a
la otra para acompañarnos y para reconocer,
una en la otra, eso que Vale hizo en nuestras
vidas.

Sole y yo nos conocimos en el año 2019 en
un encuentro de infancias migrantes que
Vale organizó, tenemos una foto juntas, un
dibujo que yo hice de todas las asistentes y

el recuerdo de haber compartido ese espacio. Salvo porque Vale me hablaba constantemente de ella y a ella de mí, no volvimos a tener contacto sino hasta el 5 de diciembre del 2023, cuando Sole me escribió un mensaje de WhatsApp para decirme: "Dani querida, por favor solo dime si debo ir y yo voy". Sole estaba en otro país y aterrizó en México tres días después. Y aunque teníamos cuatro años sin estar en comunicación, y a pesar de que su presencia se diluyó y no fue particularmente especial después de ese encuentro del 2019, nos abrazamos tejidas por un cariño que Vale había estado hilvanando en nosotras sin que fuéramos muy conscientes de ello. Durante el mes que ella estuvo aquí lloramos, nos emborrachamos, cantamos, reímos y nos prometimos estar ahí una para la otra compartiendo nuestra orfandad.

En esta breve amistad, tuve la necesidad primaria de entrar en la cabeza de Sole para

alimentarme de todas sus experiencias y re-
cuerdos de Vale, para atesorarla, acumularla,
para seguirla conociendo aunque ya no fuera
mi Vale, sino la Vale-de-Sole. Fue un deseo
desesperado, provocado por la angustia de la
pérdida. Nos escribía Jaz en una de sus cartas que una amistad es una conversación que
se retoma cada tanto, con sus puntos y aparte; creo, siento, que Sole y yo trataremos de
retomar, nutrir esa conversación trayendo lo
que somos cada una de Vale, incorporándola
a partir de nuestro recuerdo de ella y su presencia en nosotras.

He pensado mucho en cómo una amada amiga me heredó a otra amiga. En lo que bus-
co en ella de quien ya no está, en lo que no
encontraré; me pregunto también qué busca
Sole en mí de su Vale. Hace un par de años
entrevisté a un chico: sus cuatro amigos

habían sido asesinados, él se salvó porque ese día una tontería le impidió ir a la fiesta donde perdieron la vida. Fue él quien identificó los cuerpos en el Semefo, lo hizo como un gesto para ahorrarles ese dolor a las madres dolientes. En la entrevista el chico me decía que cuando veía a las mamás de sus amigos sentía cómo ellas lo miraban, pero no lo miraban a él sino sus ojos, tratando de encontrar algo de sus propios hijos, una pista de cómo serían ellos con el paso de los años, un parecido quizá, un sedimento de la amistad que fue.

Quizá Sole no me mire así, quizá ella no sienta esa necesidad. Creo que yo misma me estoy deshaciendo de esa urgencia al entender el verdadero regalo que Vale nos dio: la posibilidad de descubrirnos, de concernos y ser amigas. Les decía antes, Jaz y Elvis, que una parte de mí se murió con ella. Al mismo tiempo, el regalo que Vale me dejó, Sole, está provocando que otra Daniela exista. Aún no la conozco bien, pero podría decir que es una Daniela que pone más atención a las conversaciones; una Daniela más decidida a hacer las cosas porque aprendió que sí, que la vida sí puede acabar o cambiar de un segundo a otro; una Daniela menos aprehensiva en poseer a las amigas y más consciente de aprender de ellas. Sole, mi Sole, me enseña que la luz del invierno es distinta, me muestra la entrega de quien confía en la pulsión de la vida y ella también me abraza con la ternura de su voz cuando tengo miedo.

Es decir, Sole y yo no solo seremos una para la otra la resonancia del recuerdo de Vale. Con este vínculo está naciendo también una nueva *nosotras*.

Dice Vinciane Despret en su libro amuleto *A la salud de los muertos* que: "No solo cada historia crea nuevas y se implica en la continuación de las otras que contribuye a producir, sino que cada uno de estos relatos así creados modifica, retroactivamente, el alcance de los que le preceden, les da fuerzas, les ofrece nuevas significaciones". Si es así, como ella plantea, además de estar naciendo una nueva *nosotras* (una nueva Sole y una nueva Daniela), la historia que estamos construyendo juntas también visita y activa la de Vale, nuestra Vale, la actualiza trayéndola al presente.

Quién iba a pensar que ese vínculo de amistad nos revitalizaría a cada una de nosotras: Vale, Sole y yo.

Con todo mi cariño,
Daniela, una nueva que
estoy descubriendo aún.

P.D. Dedico estas cartas a mis amigas Alicia, Paula y Emanuela. Gracias tías, por ser poesía, impulso y certeza.

QUERIDAS DANI Y JAZ, creo que he estado evitando escribir esta última misiva porque no quiero que nos soltemos.

Los días en que las leía y las pensaba, y mientras rumiaba en mi cabeza una posible despedida, me tocó entrevistar a un terapeuta. Él me dijo que, más importante incluso que la salud, nuestra calidad de vida es o está en la calidad de las relaciones que tenemos. Se me quedó tatuada esa frase.

Al cabo de un rato, hablando del arte del buen conflicto, el terapeuta también me dijo que, en cualquier caso, el obstáculo más común que encuentra en sus pacientes es la vergüenza, cuyo problema verdadero no es lo que nos avergüenza sino la secrecía, que nos aísla.

La confesión de Dani sobre la envidia rompió un silencio. Y me pregunto si deberíamos confesarnos entre amigas cuando sentimos envidia la una de la otra, ¿podríamos con eso? ¿Deberíamos hacerlo a veces, siempre, incluso cuando la envidia es una capa amarga que esconde una honesta admiración? (¿Es así?, ¿o la envidia y la admiración son más o menos incompatibles?) ¿Deberíamos decírnoslo también cuando sentimos envidia pero elegimos la generosidad?

¿Cómo hacernos cargo entre todas de nuestros delirios de inferioridad (que creo que son el mismo)?

Al menos sí tengo la creencia de que deberíamos decirnos cuando sentimos genuina alegría pura por alguien más.

Como yo por ustedes dos.

Es un sentimiento político. Y hermoso.

Me surge otra pregunta: ¿es necesaria la admiración para la amistad? Parece que no. Dicen que precisamente les amigues que más te quieren no necesitan disfrutar tu programa, tu libro o tu película. Te quieren.

Por otro lado, también me quedé pensando en los amigos, que menciona Jaz.

En la primaria, otras niñas me bulearon tanto, pero tanto... Una me bajaba la falda, una vez me bajó la falda con todo y calzones y todos se rieron estruendosamente. Otra traía regalitos para todas menos para mí. Las niñas se burlaban de mi color de piel, de que no llevaba un *lunch* cariñoso sino una moneda para la cooperativa. No querían tocar mis cuadernos ni mi banco porque podrían contagiarse de mi persona. Cuando se me salió un pedo en una clase en tercero una me apodó Flatulencia, luego Flatu, hasta que fuimos grandes. Otra no me invitaba a su pijamada de cumpleaños. La líder las organizaba para que no me dirigieran la palabra.

Mi mundo era muy pequeño, en mi casa había problemas más serios y poca tolerancia a lo que mis padres llamaban "problemas pendejos".

En la escuela aprendí, sin querer, sin cuestionármelo, que valgo poquísimo.

Así conocí la oscurísima sensación de vergüenza. ¡Qué vergüenza ser Elvira!

Y así conocí el deseo de ser alguien más, alguien mejor, alguien como ellas, una persona más atractiva para los demás. Empecé a anhelar, más que nada, la aceptación. Pero, como dice Simone Weil, una amistad es impura si tiene el deseo de agradar.

Una tarde, después de recogerme en la escuela, mi madre, harta de verme sufrirle a esas niñas a veces durante todas las vacaciones de verano, harta de verme siempre esperando el momento en que se contentaran conmigo, me dijo: "¡Se acabó! A la chingada: júntate con los niños". Recuerdo de manera casi fotográfica cómo, al día siguiente, a la hora del recreo, me senté en la jardinera de los niños, que me recibieron sin chistar.

¿Qué fue lo que aprendí ahí?

Me junté con ellos por el resto de mis días en esa escuela. Me integraron ellos y sus madres también, como cuenta Jaz en su historial de amigos hombres. Me sentía cómoda, por no decir a salvo, en ese grupo. Supongo que entre ellos había otras jerarquías, pero no recuerdo sentirme evaluada. Creo que con ellos sí podía ser diferente. No pertenecía del todo y tal vez por eso parecía por fin estar en mi lugar. No creo haberme sentido obligada a jugar futbol ni a participar en bromas pesadas. Solo dos veces me dejé llevar por la corriente: en la primera, jugando luchitas le saqué sangre de la boca a

Luis y, en la segunda, mandé a la enfermería a Antonio por una patada en la entrepierna, porque estaba molestando ya no recuerdo a quién. Aunque me encantó descubrir que podía defenderme, esas fueron excepciones, la mayor parte del tiempo fui yo (y todavía me remuerde la conciencia el daño que pude haberle causado a Antonio con esa patada). Más que jugar con ellos me recuerdo hablando con ellos, tal vez de juegos, tal vez de caricaturas. Todas las noches veíamos dos episodios de *Los Simpson* que eran lo primero que comentábamos en las mañanas. Creo que me escuchaban y empecé a desarrollar mis habilidades de *consigliere*.

Me convertí en la niña entre los niños y me fascinó, hasta que crecimos y en las tardes ellos querían masturbarse viendo *Sailor Moon* o películas porno como *Garganta profunda*, que empezaron a comprar a escondidas en Pericoapa. Yo me iba al cuarto de al lado, leía o me inventaba algo. Las niñas empezaron a querer ser mis amigas porque querían que les hiciera palancas.

Llegué a la adolescencia con ellos y quiero decir que casi siempre me protegieron y respetaron, aunque a algunos empezó a costarles trabajo verme a la cara y no a las chichis.

Luego todos cambiamos de escuela y en la prepa nos encaminamos por intereses distintos. En ese salto empecé, tal vez por primera vez, a hacer amigas, ya a una edad en la que teníamos un mínimo de madurez y no me avergonzaban (y yo ya no iba a dejarme) por vestirme como rowdy de Metallica, con playeras holgadas, pantalones rectos rotos, tenis Airwalk.

No había pensado en aquellos años de tránsito más libre con los niños: ¿qué me dio esa diferencia, ese ensamble, ese compañerismo sin competencia, sin juegos de poder? Ahora, después de tanto tiempo de perderle la pista a los miembros del que debió haber sido mi verdadero primer rebaño, me encantaría retomar la conversación con ellos. ¿En qué nos hubiera gustado acompañarnos en las últimas décadas? Estoy segura de que nos unen más experiencias e ideas que las que nos separan.

Hace poco leí por ahí que si una amistad dura siete años probablemente dure toda la vida. Tal vez aquellas amistades no se terminan realmente, porque sigo sintiendo la conexión en mi corazón.

Sé que esta ausencia no tiene comparación con la pérdida a la cual te enfrentas en estos días, querida Dani, lo siento muchísimo, amiga; pero noto en la resiliencia de tu proceso una lealtad al vínculo con Vale, a cómo ella se expandió en ti y cómo expandió tu ser (que al mismo tiempo muestra una lealtad, un respeto y una responsabilidad con tu propia capacidad de expansión). Esa relación continúa e irá revelando el lugar que ocupa la ausencia de tu gran amiga en el orden de ti misma: cómo se erige el faro que es Vale dentro de ti.

¿Qué necesitas?, ¿cómo podemos acompañarte?

Hacia el final de la entrevista con aquel terapeuta le pregunté cómo entendemos el amor actualmente y me encantó su respuesta: como cuidado.

Es curioso que buena parte de nuestras cartas exploran los duelos en la amistad de una manera también luminosa: hemos estado celebrando lo mucho que nos han dado. ¿Será que logramos mirar más allá del sufrimiento?

Queridas Jaz y Dani, espero que esto sea

solo un falso final. Me gustaría que siguié-ramos escribiendo juntas, nombrar lo desco-nocido de nuestras experiencias, compartir las heridas, los aprendizajes y las vergüen-zas que tanto nos unen. (¡Nos faltó hablar del chisme!) Quisiera continuar este acto de pensar juntas, como solo puede ser si se tra-ta de la amistad; especialmente a esta veloci-dad tranquila e irremediablemente pausada y en esta versión particular de la voz alta, propias de la carta. Pero también comprendo que esta conversación así ha terminado y que nos toca transformarla para mantener nuestra amistad viva.

Con amor y agradecimiento, Elvis

ÍNDICE

Jazmina Barrera (Ciudad de México, 1988). Es autora de *Cuerpo extraño, Cuaderno de faros, Linea nigra, Los nombres de los animales, Punto de Cruz* y *La reina de espadas*. Su libro de ensayos *Cuerpo extraño/Foreign Body* ganó el premio Latin American Voices 2013. Sus libros han sido publicados en nueve países y traducidos al inglés, italiano, holandés, portugués y francés. Es socia fundadora de Ediciones Antílope.

Elvira Liceaga (Ciudad de México, 1983). Es locutora y escritora. Estudió dos maestrías en Nueva York. En sus programas de radio, al igual que en los escenarios de varias ferias de libro, ha entrevistado a escritores como Vivian Gornick, Lydia Davis, Miriam Toews, Hernán Díaz, entre muches otros. Escribió los libros *Carolina y otras despedidas* (Caballo de Troya) y *Las vigilantes* (Lumen México/Las Afueras). Ha coescrito y codirigido los documentales sonoros *La*

Advertencia y *Mujeres de Fuego,* nominado al Premio Gabo 2022, y *Las Guardianas,* sobre defensoras del territorio en Latinoamérica.

Daniela Rea (Irapuato, 1982). Escribió los libros *Nadie les pidió perdón. Historias de impunidad y resistencia; La Tropa. Por qué mata un soldado,* que busca entender cuando alguien mata, qué se ha muerto antes. Editó el libro *Ya no somos las mismas y aquí sigue la guerra,* que cuenta cómo se vive y resiste a la violencia desde el cuerpo de las mujeres. *Fruto* es su último libro.

———

Isla partida
Daniela Tarazona

Adonde voy siempre es de noche
Bernardo Esquinca

Monkey boy
Francisco Goldman/Trad. Daniel Saldaña París

Yo maté a un perro en Rumanía
Claudia Ulloa Donoso

Ansibles, perfiladores y otras máquinas de ingenio
Andrea Chapela

El asedio animal
Vanessa Londoño

Mejor que ficción
Jorge Carrión

La mirada de las plantas
Edmundo Paz Soldán

,
2

RITUALES
PARA LA
AMISTAD

de Jazmina Barrera, Daniela Rea
y Elvira Liceaga
se terminó de
imprimir
y encuadernar
en septiembre de 2024,
en los talleres
de Romanyà Valls,
Plaça Verdaguer 1, Capellades,
Barcelona, España.

Para su composición tipográfica se empleó la familia Bell Centennial.
El diseño es de Alejandro Magallanes.
El cuidado de la edición estuvo a cargo de Dulce Aguirre.
La formación de los interiores la realizó Ana Paula Dávila.
La impresión de los interiores se realizó sobre papel Lux Cream
de 80 gramos y el tiraje consta de 2000 ejemplares.